Yvonne Büchner

Transkription der Parsche „Matot"

Was geschah mit den Israeliten zwischen den Parschot „Balak" & „Pinchas" (Numeri 22,2-26,65)?" oder die reine Menschlichkeit

GRIN Verlag

Bibliografische Information der Deutschen Nationalbibliothek:

Die Deutsche Bibliothek verzeichnet diese Publikation in der Deutschen National-
bibliografie; detaillierte bibliografische Daten sind im Internet über http://dnb.d-
nb.de/ abrufbar.

Impressum:

Copyright © 2009 GRIN Verlag, Open Publishing GmbH
Druck und Bindung: Books on Demand GmbH, Norderstedt Germany
ISBN: 978-3-640-79476-8

Dieses Buch bei GRIN:

http://www.grin.com/de/e-book/163117/transkription-der-parsche-matot

GRIN - Your knowledge has value

Der GRIN Verlag publiziert seit 1998 wissenschaftliche Arbeiten von Studenten, Hochschullehrern und anderen Akademikern als eBook und gedrucktes Buch. Die Verlagswebsite www.grin.com ist die ideale Plattform zur Veröffentlichung von Hausarbeiten, Abschlussarbeiten, wissenschaftlichen Aufsätzen, Dissertationen und Fachbüchern.

Besuchen Sie uns im Internet:

http://www.grin.com/

http://www.facebook.com/grincom

http://www.twitter.com/grin_com

Universität Potsdam

Sommersemester 2009

Sprachkurs: Rabbinisches Hebräisch: „In kheyder"

Studentin: Yvonne Büchner

Transkription der Parsche „Matot"
und ein Essay zu der Frage:
„Was geschah mit den Israeliten zwischen den Parschot
„Balak" & „Pinchas" (Numeri 22,2-26,65)?"
oder die reine Menschlichkeit.

Was geschah mit den Israeliten zwischen ihrer Ankunft in Moab, als sie noch Adonais vollen Segen genossen, er sie väterlich schützte und seinem großen Zorn mit der Drohung sie alle zu vernichten? In unserer Zeit nennt man diese, doch durchaus gewünschte menschliche Eigenheit *Assimilation*. Eine Eigenschaft, welche für beide Volksgruppen fruchttragend ist. Sie ermöglicht das Lernen voneinander, bringt frisches Blut und Stärke in die Völker, so dass sich beide weiter entwickeln können. Aber Haschem empfindet eine Verschmelzung seines Bundesvolkes mit den ungläubigen Nachbarn als große Sünde, denn sie lässt die Israeliten von ihm abfallen und sie wenden sich den moabitischen Götzen zu und das verstößt gegen das 1. Gebot welches Mosche am Sinai empfing (Schmot 20,3): „Habe keine anderen Götter neben mir".

Aber was sagen die Rabbinen nun eigentlich dazu?

Um dies zu verstehen müssen wir uns erst noch einmal das Geschehen unserer Bibelstelle „Bemidbar 22,2- 26,65" ansehen.

Als Zippors Sohn, Balak, die Israeliten in sein Land kommen sah und er die große Anzahl dieser Menschen begriff , bekam er Angst, den er wusste, dass die Amoriter von den Israeliten besiegt worden waren. So ließ er den Seher Bileam, den Sohn des Beor aus Petor rufen um Israel verfluchen zu lassen. Doch Adonai verbot Bileam nach Moab zu gehen um die Israeliten zu verfluchen, denn er hatte sie gesegnet. So sandte Bileam die moabitischen Boten erfolglos zurück. Balak schickte nochmals nach dem Seher und diesmal erlaubte Adonai Bileams Reise unter der Bedingung, nur zu tun was er ihm erlaube. Der Herr ermahnte Bileam nochmals nur zu tun was ihm erlaubt werde. In Moab angekommen, lässt Adonai den Bileam sagen, dass das

1

Volk Jakobs nicht verflucht werden kann, da es von Gott gesegnet ist. Auch die zweite & dritte Bitte Balaks nach einem Fluch gegen Israel wendet Bileam, unter dem Geheiß Gottes in einen Segen um. Als Balak darauf wütend wird, prophezeit Bileam ihm den Aufstieg Israels und die Eroberung des gelobten Landes, sowie den Untergang Moabs und seiner Nachbarvölker durch Israel, Assyrien und Babylon. Nach und nach fingen die Israeliten an sich mit den Moabitern anzufreunden und es kam zu Unzucht und Götzendienst. Adonai machte das sehr zornig und er forderte von Mosche alle abtrünnigen Israeliten zu töten. Als das israelitische Volk, verständlicherweise darüber weinte, brachte der Israelit Simri eine Moabiterin ins Lager und trieb dort Unzucht mit ihr. Da tötete der Priester Pinchas aus Wut beide mit einem Speer. So wurde die moabitische Plage von Israel abgewendet und G"tt gab Pinchas zum Dank, seinen Bund des Friedens. Von Mosche forderte Adonai aber die Vernichtung der Medianiter, damit sie Israel nicht mehr verführen können. Das Heer wurde aufgestellt und das gelobte Land unter den Israeliten verteilt.

Am Anfang dieser Geschichte steht also als Hauptfigur Bileam, welcher Israel augenscheinlich schützt und segnet, aber unter den Rabbinen ist Bileam sehr umstritten. Nach der rabbinischen Auffassung wollte Bileam Israel Böses antun, denn er empfahl Balak, Israel zu verführen. Der Babylonische Talmud argumentiert wie folgt in Sanhedrin 106 a: „Bileam sagte zu ihnen: Ihr Gott verabscheut Unmoral. Die Israeliten sehen sich nach Leinengewändern. Ich will euch einen Rat geben. Stellt Stände auf und verkauft ihnen Leinen ... Wenn die Israeliten essen, trinken, sich vergnügen und am Markt spazieren gehen, wird sie zu ihm sagen: Du bist wie einer aus der Familie, setze dich und wähle! Kalebassen mit amonitischem Wein standen neben ihr ... Sie sagte zu ihm: Willst du einen Becher Wein trinken? Sobald er einen Becher getrunken hatte, entbrannte in ihm die böse Neigung und er sagte zu ihr: Gib dich hin! Dann nahm sie ihr Götzenbild heraus und sagte zu ihm: Verehre es! Er sagte zu ihr: Bin ich nicht ein Jude? Sie sagte zu ihm: Was kümmert es dich? ... Ich werde mich dir nicht hingeben, solange du nicht das Gesetz Moses', deines Lehrers, zurückgewiesen hast, wie es heißt (Hosea 9, 10): Sie kamen nach Baal-Peor und weihten sich der Schande und wurden mir ein Gräuel wie ihr Buhle." Die meisten Rabbinen sehen also Bileam als Verräter G"tes an. Er habe zwar Israel gesegnet und nicht verflucht, aber Balak einen Weg gezeigt wie er eine Spaltung zwischen Gott und den Israeliten herbeiführen kann. Daher findet man im Buch Josua 13,22 die Notiz das Bileam von den Israeliten getötet wurde. Andere Rabbiner sehen Bileam als Prophet der Völker, gleichwertig mit Mosche.

Die andere Hauptfigur, welche für die Beantwortung unserer anfänglichen Frage wichtig ist, ist die des Pinchas – der jähzornige Kohen. Aber wieso belohnt Haschem Pinchas für den Mord an einem Israeliten, indem er Pinchas den Friedensbund gibt? Rabbi Naftali Zwi Jehuda aus Berlin beantwortet die Frage so: „Als Belohnung, dass er den Zorn des Ewigen, gepriesen sei Er, abgewandt hatte, segnete Er ihn mit Frieden, damit er nicht jähzornig sei. Da es nur natürlich ist, da eine solche Tat, wie sie Pinchas beging, eine intensive emotionale Unruhe hinterlässt, war der göttliche Segen eine Hilfe für den Umgang mit der Situation und versprach der Seele Ruhe und Frieden."[1] Für Raschi musste Pinchas den Bund erhalten, da der Enkel Aarons noch nicht zum Priester ernannt wurde. Durch Pinchas Tat wurden Israels Taten also gesühnt, das radikale ausmerzten der Sünde verhinderte, mit der Tötung des dreistesten Täters (denn er brachte die Frau mit in sein Zelt, obwohl allen Strafe drohte) verhinderte das Leiden aller. Da im hebräischen Original das Wort Frieden in Bemidbar 25,12 mit einem „zerbrochenen" Waw geschrieben wird, erklären die Rabbinen den Bund durch die Tötung als nicht vollkommen.

Anspielungen auf die Geschichte aus Baal- Peor findet man in verschiedenen Bibelstellen, so zum Beispiel in Numeri 31,16, im Psalm 106, 28-29 und in Deuteronomium 4,45f. Das zeigt, dass die Gefahr der Vermischung der Israeliten mit ihren Nachbarvölkern immer gegeben war. Denn auch wenn die Assimilation ein rein natürliches Verhalten widerspiegelt und für die Entwicklung großer Nationen hilfreich war, so ist sie aber für die Identität eines kleinen Volks tödlich. Das halachische Verbot der Mischehe zwischen Israeliten und Frauen anderer Volksgruppen zeugt von dieser Angst, sich in der Masse zu verlieren, denn die Frau gilt als Traditionsbewahrer in den Familien. Sie sind es, die die Kinder erziehen und die Speisen zubereiten und nur wer von einer Jüdin geboren wurde ist ein Jude, dass gilt bis heute. Daher ist Gottes Zorn über den Glaubensabfall der Israeliten ein Zeichen seiner Sorge um den Erhalt seines Bundesvolkes. Auch wenn das Verbot der Vermischung eines kleinen Volkes mit den größeren Nachbarn immer auch ein Anderssein zur Folge hat, erhält es doch den jüdischen Glauben schon seit über 2000 Jahren in der Diaspora. Und für den Jüdischen Philosophen Derrida ist genau das ANDERSSEIN die Definition des Judentums.

Quellen:

Senfkornbibel Elberfelder Übersetzung, R. Brockhausverlag, 8.Auflage, 1991 Wuppertal

Hanna Liss: Tanach Lehrbuch der jüdischen Bibel, Universitätsverlag Winter, 2. Auflage 2008

http://www.hagalil.com/judentum/torah/leibowitz/pinchas.htm (Zugriff 30.07.2009 um 11:34)

---

[1] http://www.hagalil.com/judentum/torah/leibowitz/pinchas.htm (Zugriff 30.07.2009 um 11:34)

Matos

2 wajdaber mojsche elroschej hamatos liwnej isroel leamor seh hadowor ascher ziwo haschem:

3 ijsch chijjider neder lahaschem ohischoba schewuo le´sor isor elnafschu lo jehel deworu k´cholhajze mipiw jaaseh:

4 weischo kijsidor neder lahaschem weosro isor b´wejs owijho binurejho:

5 weschoma owijho esnidroh weesoroh ascher osro elnafschoh wehekherisch loh owijo aw´komu boln´dorejo wecholisor escherosro elnafschoh jokum:

6 weishenij owijo osoh bejom schomo kolnedorejo weesorejo ascherosro elnefschoh lo jokum wahaschim jislakhloh kijhenij owijo osoh:

7 we´ishojo siheje leijsch une´dorejo olejo o miwto se´fosejo alnafschoh:

8 we´schoma ijschoh bejomschome´o wehekhedijsch loh wekomu nedorejo we´esoreo escherosro alnafschoh jokimu:

9 weim bejom schma ijschoh joni osoh wehefer esnidroh ascher olejo weés miwto sefosejo ascher osro elnafschoh wahaschem jislelo:

10 weneder almono ugruscho kol ascherosro elnafscho jokum olejo:

11 we´imbejs ijschoh nodaro oosro isor elnafschoh bischbuo:

12 weschoma ijschoh wehekhedisch loh lo hegij osoh wekomu kolne´dorejo wekolisor ascherosro elnafschoh jokum:

13 we´imhofer jofer osom ijschoh bejom schomo kolmuzo sefosejo lindorejo uleísar nafschoh lo jokum ijschoh daferom wahaschem jislakhloh:

14 kolneder we´cholsche´wues isor leans nofesch ijschoh jekijmenu weijschoh jeferenu:

15 weimhakharesch jakhadisch lo ijschoh mijom eljom wehekim eskolne´dorejo o eskolosorojo ascher olejo hekim osom kijhekherisch loh bejom schome´u:

16 weimhofer jofer osam akherej schom´u wenoso esawnoh:

17 ele hakhukijm ascher ziwo haschem esmojsche bejn ijsch leischso bejnow lebito binurejo bejt owijo:

2 wejdaber haschem olmojsche: ne´kom nikmas benej isroel mees hamidionijm akhad teosef elamikho:

3 wajdaber mojsche eloom lemor hekholzu meitchem anoschijm lazowo wejhiju almidjon loses nikmashaschem bemidjon:

4 elekh lamate elef lamate lechol matos isroel tischlechu lazowo:

5 wajimosru mealfej isroel elef lamate sche´nejmosor elef khaluzej zowo:

6 wajischlakh osom mojsche elef lamate lazowo osom weéspinkhos benelosor hakohen lazowo uchelej hakidesch wakhazozros hatruo bejodo:

7 wajizbu elmidjon kaischer ziwa haschem esmojsche wajahargu kolsochor:

8 weésmalchej midjon horgu alkhale´lejhem esawi weészur weéskhur weésrewe khamesches malchej midjon weés bilom benbeor horgu bekhorew:

9 wajischbu wnej isroel esneschej midjon we´estapom weés kolbehemtom weéskolmiknehem weéskolkhejlos bosowu:

10 weés kolorejhem bemoschwosom weés koltirosom sorfu boesch:

11 wajikhu eskolhascholol weés kolhamalkokha boodom uwabhemo:

12 wajowiu elmojsche we´elelosor hakohen weéladas benejisroel eshaschwi weéshamalekokha weéshascholol el hamakhane elarwos moow ascher aljarden jerekho:

13 wajezu mojsche we´elosor hakohen wecholne´sijej hoedo likrosom elmikhuz lamakhane:

14 wajikzof mojsche el pekudej hekhojil sorej hoalofijm wesorej hameos haboijm mizwo hamilkhomo:

15 wajamer alejhem mojsche hakhijijsem kolnekewo:

16 hen heno hoju liwnej isroel bidwar bilom limsormaal bahaschem eldewar por watehij hamagefo baadas haschem:

17 weato hirgu cholsochor batof wecholischo jadaas ijsch lemischkaw sochor hadgu:

18 wechol hataf banoschijm ascher lojodu mischkaw sochor hakhaju lochem:

19 weatem khaniu mikhuz lamakhanej schiwas jomijm kol horeg nefesch ukol nogea bekholol tiskhatu bajom haschlijschij uwajom haschijij atem uschwichem:

20 wechol beged wecholkelijor wecholmaase esijm wecholkelijez tiskhatou:

21 wajmer elosor hakohen elanschej hazowo haboijm lamilkhamo sos khukas haturo ascherziwo haschem esmojsche:

22 akh eshosow weéshakasef eshankhsches eshabarsel esabdijl weéshoefores:

23 koldowor ascherjowo woesch taawijru woesch wetoher akh bemej nido jiskhato webal ascher lojobo boesch taawijru bamoijm:

24 wechibastom bigdejchem bajom haschwijij uthartem weakhar toowu elhamakhane:

25 wajomer haschem elmojsche lemor:

26 so es rosch malkokha haschwi boodom uwabhemo ato we'elosor awos hoedo:

27 wehozijso eshamlekokha bejn tofschej hamilkhomo hajzim lazowo ubejn kolhoedo:

28 waharemso mechem lahaschem meés anschej hamilkhomo hajzim lazowo ekhod nefesch mehamesch hameos minhoodom uminhabokor uminhakhamodim uminhazon:

29 mimakhazijsom tikokhu wenosato lelosor hakohen terumas haschem:

30 umimakhazis benejisroel tikakh echot okhuw minhakhamschijm minhoodom minhabokor minhakhamorim uminhazon mikolhabhemo wenosato osom lalwijm schomrej mischmeres mischkan haschem:

31 wajas mojsche we'elosor hakohen kaáscher ziwo haschem esmojsche:

32 wajehij hamalkokha jeser habos ascher bosesu am hazowo zon scheschmeos elef weschiwijm elef wakhamsches alofim:

33 uwokor schnaim weschiwijm olef:

34 wakhamorijm ekhod weschischim olef:

35 wenefesch odom minhanoschim ascher lojodeu mischkaw sochor kolnefesch schnaim uschloschim olef:

36 watehij hamekhezo helek hajzijm bazowo mispar hazon scheleschmeos elef uscheleschim elef weschiwas alofim wakhamesch meos:

37 wajehij hameches lahaschem minhazun schesch meos khomesch weschiwijm :

38 wehabokor schischo uschelschim olef umchesom lahaschem schnaijm weschiwijm:

39 wahamorim scheleschijm elef wakhamesch meos umichasom lahaschem ekhod uschischim:

40 wenefesch odom schischo osor olef umichsom lahaschem schnaim uschleschim nofesch:

41 wajiten mojsche esmechem trummas haschem lelosor hakohen kaáscher ziwo haschem esmojsche:

42 umimakhazijs benej isroell ascher khozo mojsche minhoánoschim hazwaim:

43 wathij mekhezas hoedo minhazon scheleschmeos elef uschelschijm elefschiwas alofim wekhamesch meos:

44 uwokor schischo uschelschijm olef:

45 wakhamorijm scheleschijm elef wakhamesch meos:

46 wenefesch odom schischo osor olef:

47 wajikakh mojschemimakhazis benejisroel eshookhun ekhod minhakhamischijm minhoodom uminhabhemo wajiten osom lalwijim schmerej mischmedes mischkan haschem kaáascher ziwo haschem esmojsche:

48 wajikrewu elmojsche hapudijm aschar lalfej hazowo schorej hoálofijm wesorej hameos:

49 wajamru elmojsche ewodikhao nosu esrosch anschej hamilkhomo ascher bidenu welonigkad mimenu ijsch:

50 wanakrew eskorban haschem ijsch ascher mozo chelijsohow ezodo wezamijr tabaas ogijl wechumon lechaper elnafschosejnu lifnej haschem:

51 wajikakh mojsche we'elosor hakohen eshasohow meitom kol kelij maase:

52 wajehij kolsahaw hatrumo ascher herimu lahaschem schischo osor elef schwameos wakhamischijm schokel mees schorej hoalogijm umeet sorej hameos:

53 anschej hazowo bosesu ijsch lo:

54 wajikakh mojsche weélasor hakohen eshasohow mees sorej hoalofijm wehameos wajowiu oso elohel moed sikoron liwnejisroel liwnej haschem:

1 umikne raw hojo liwnej ruwen weliwnejgod ozum meód wajaru eserez jaeser weéserez gilod wehige hamokom mekom mikne:

2 wajobu benejgod ubenej ruben wajamru elmojsche we'elosor hakohen weélnesijej hoedo lemor:

3 atoros weriwen wejaser wenimro wekheschbon weélole uswom unwo uwon:

4 hoorez ascher hiko haschem lifnej adas isroel erez mikne hiw welaawadejkho mikne:

5 wajinru immozonu khen bejnejkho jutan eshooraz hasus laawodejkho laakhuso altaawirnu eshajarden:

6 wajomer mojsche liwnejgod weliwnej ruben haakhejchesjowou lamilkhomo weatem teschwu fo:

7 welomo sniwun eslew benej isroel meawor elhoorez aschernosan loham haschem:

8 ko osu awosejchem bescholkhij osom mikodesch barnea liros eshoorez:

9 wajaalu ednakhal eschkol wajiru eshoorez wajoniju eslew benej isroel lewiltijbo elhoorez aschernosen lohem haschem:

10 wajikharaf haschem bajom hahu wajischowa lemor:

7

11 imjiru hoanoschijm hoolijm mimizrajim miben esrijm schono woma´lo es hoadomo ascher nischba´tij lawrohom lizkhok ulejaakow kij lomilo akhadoj:

12 bitij kolew benjefune haknisij wijhoschua binnun kij milu akhadij haschem:

13wajikharaf haschem beisroel binnun bamidbor arboijm schono edtom kolhador hoose horo bejnej hascham:

14 wehine kamtem takhas awosejchem tarbus banoschijm hatoijm lispos od al kharun afhaschem elisroel:

15 kij seschuwun meakhirojw wekosaf od lehanijkho bamidbod weschikhatem lecholhoom hase:

16 wajigschu elojw wajmeru gidrot zon niwne lemiknenu fo weorim letpenu:

17waanakhenu nekholez khuschim lifnej benej isroel ed ascher imhewijonum elmimomom wejoschaw tapenu beorej hamiwzor mipnejj eschbej hoorez:

18 lo noschuw elbotejnu ed hisnakhel benej isroel ijsch nakhaloso:

19 kij lo ninkhal itom meawer lajarden woholo kij woo nakhalosenu elejnu meewer hajaredeu misrokho:

20 wajamer alejhem mojsche imtasun eshadowor hase imtekholezu lifnej haschem lamilkhomo:

21 weowar lochem kolkholiuz esdawarden lifnej haschem ed horijscho esojwojw miponojw:

22 wenichbascho hoorez lifnej haschem weakhar toschuwu wihejijsem nikim mejwo umijisroel wehojso hoorez asua lochem laakhuso lifnej haschem:

23 weim lo saásun kel hine khatosem lahaschem udeú khatasechem ascher timzo eschem:

24 binulochem orijm letapchem ugders lezonaachem wehajze mipijchem taasu:

25 wajomer benejgod uwe´nej ruwen elmojsche lemor awodejkho jaasu kaascher adnij mezwe:

26 tapenu noschejnu miknenu wecholbehemtenu jihejuschom beodej hagilod:

27wa´awodejkho jaawru kolkhaluz zowo lifnej haschem lamilkhomo kaascher adonij dower:

28 wajzaw lohem mojsche es elosor hakohen weés joschua binnun weésroschej awos hamatos lifnej isroel:

29 wajomer mojsche alehem imjaawru benejgod ubenejruwen itchem eshajareden kolkholuz lamilkhomo lifnej haschem wenichebscho hoorez lifnejchem unsatem lohem eserez hagilod laakhuso:

30 weimlo jaawru khaluzijm itchem wenokhasu wesochechem beerez kenoan:

31 wajaanu benejgod uwenej ruben lemor es ascher diber haschem elawodejkho ken naase:

32 nakhnu naawor haluzim lifnej haschem erez kenoan weitonu akhusas nakhalosenu meewer lajareden:

33 wajiten lohem mojsche liwnejgod weliwnej ruben welakhazij schewet mensche benjosef esmamleches sikhn melekh hoemorij weesmamleches og haboschon hoorez leorejo bigwulos orej hoorez sowijw:

34 wajiwnu wenejgod esdijwon weésatoros weés aroer:

35 weésatros schofon weés jaeser wejogebeho:

36 weésbejs nimro weésbejs horon arej miwzor wegidros zon:

37 uwnej ruwen bonu eskheschbon weéselole weés kirjosojim:

38 weésnewo weésbaal meon musbos schem weéssiwmoa wajikru weschemos esschmos heorjm ascher bonu:

39 wajelechu benej mochijr bennenasche gilodo wajikeduo wajuresch eshoémorij ascherboh:

40 wajiten mojsche eshagilod lemochijr benmenasche wajeschew boh:

41 wejoijr benmenasche holakh wajilechod eskhwosejhem wajikro eshen khawos joijr:

42 wenowakh holakh wajilkod eskenos weésbenosejho wajikro loh nowakh bischmo: